LA REVUE
AU 5ME ÉTAGE

A-PROPOS MÊLÉ DE CHANT

PAR

MM. CLAIRVILLE, SIRAUDIN et E. BLUM

Représenté, pour la première fois, à Paris, sur le théâtre des Variétés le 27 décembre 1863.

PARIS

E. DENTU, ÉDITEUR

LIBRAIRE DE LA SOCIÉTÉ DES GENS DE LETTRES

PALAIS-ROYAL, 17 ET 19, GALERIE D'ORLÉANS

Et à la LIBRAIRIE CENTRALE, 24, boulevard des Italiens.

—

1863

LA REVUE
AU 5ᵐᵉ ÉTAGE

A-PROPOS MÊLÉ DE CHANT

PAR

MM. CLAIRVILLE, SIRAUDIN et E. BLUM

Représenté, pour la première fois, à Paris, sur le théâtre des Variété
le 27 décembre 1863.

PARIS

E. DENTU, EDITEUR

LIBRAIRE DE LA SOCIÉTÉ DES GENS DE LETTRES

PALAIS-ROYAL, 17 ET 19, GALERIE D'ORLÉANS

Et à la LIBRAIRIE CENTRALE, 24, boulevard des Italiens.

1864

PERSONNAGES :   ACTEURS :

PERSONNAGES	ACTEURS
ENÉE.	MM. Dupuis.
JOSEPH.	Kopp.
GASTON DE CHAMPLIEU.	Alex. Michel
POTIER.	Ch. Potier.
DUBRANCARD.	Couder.
BOBIN	Ch. Blondelet.
TRICK	Alex. Guyon.
UN FACTEUR PARISIEN	Hittemans.
UN PORTIER	France.
UN GARCON DE CAFÉ.	
1re PLEUREUSE.	Mmes Judith Ferrayra.
ROSAMBO.	L. Durand.
LE DIABLE JAUNE.	Gervais.
L'AUTOGRAPHE.	Georgette Olivier.
UNE CHANTEUSE	Toudouze.
LE BAL MUSARD	Mariani.
2e PLEUREUSE	Félicie.
LE DIABLE NOIR.	Silly.
LE DIABLE ROSE.	Céline Renault.
LE PETIT JOURNAL.	Julia H.
3e PLEUREUSE	Colombe.
LE JOURNAL DE PARIS	Alice.

Jeunes Gens et Jeunes Dames de Mabille, Quatre Troyens, Quatre Sauvages, hommes, Quatre Sauvages, femmes.

LA REVUE

AU 5ᵐᵉ ÉTAGE

Le théâtre représente une chambre.

SCÈNE PREMIÈRE

POTIER, puis LE PORTIER.

POTIER, entrant et parlant à la cantonnade.

A merveille, vous êtes tous prêts : ne bougez plus, nous commencerons quand les spectateurs seront arrivés. (Descendant vers la rampe.) Voilà ce que c'est, le théâtre des Variétés ne joue pas de revue cette année ; mon Dieu non, c'est étonnant, mais c'est comme ça, et ça m'est désagréable ainsi qu'à tous mes camarades... Pourquoi ? Le voici : Nous nous étions habitués tous les ans à jouer des rôles de pomme de terre, de graine de moutarde ou de locomotive ; cette année moi, par exemple, j'espérais représenter le rasoir Alexandre ou l'huile de pétrole... Eh bien, pas du tout, le théâtre s'abstient, oh ! il s'abstient ; eh bien ! moi, je ne m'abstiens pas : profitant de la liberté des théâtres, je viens de transformer en théâtre mon cinquième étage. Je l'ai machiné à l'insu de mon propriétaire ; j'ai fait faire une affiche, fait mettre trois lampions à ma porte, et métamorphosé la loge de mon concierge en bureau de location... J'attends des spectateurs... car voilà mon raisonnement : Le prix des places est à deux francs ; en supposant que je n'aie qu'un seul spectateur par jour, comme je n'ai aucun frais, ça me fera tranquillement mes petits soixante francs par mois de bénéfice, de quoi payer mon loyer. Pour commencer, c'est une revue que nous allons jouer. Ah ! mais permettez, me dira-t-on, vous avez donc une revue, vous en avez donc fait une... Moi ! pas si bête... j'en ai tout simplement filouté une sur le bureau de mon directeur ; malheureusement je n'ai pu trouver que le dernier acte, de sorte que l'on n'y comprend rien du tout. C'est une dizaine de scènes, les unes à côté des autres... chaque scène est très-amusante, très-spirituelle, très-littéraire ; séparément c'est très-joli ; mais rassemblé, c'est bête comme tout ; ça ne fait rien, au contraire, ça en fait le charme. Ah ! comme on pourrait s'étonner du luxe et des magnificences que j'ai déployés au cinquième étage de ma maison, je dois dire que je suis secondé

par tout le personnel de mon théâtre qui, pour l'inauguration
de ma salle de spectacle, a bien voulu me prêter son con-
cours. Si ma tentative réussit, nous profiterons de la liberté
des théâtres pour nous passer de notre directeur que nous
adorons tous, mais qui nous cauchemarde un tant soit peu.

VOIX AU DEHORS.

Monsieur le directeur.

POTIER.

L'organe de mon concierge contrôleur.

LE PORTIER, entrant.

Monsieur, c'est un spectateur qui monte.

POTIER.

Un spectateur ! J'en aurai un ! Eh bien ! qu'est-ce que je
disais : voilà mes quarante sous qui arrivent !... mes frais
sont couverts !

LE PORTIER.

Oui, monsieur, mais il vous arrive un anicroche.

POTIER.

Juste ciel !

LE PORTIER.

Voici une lettre qui vous est adressée et que j'ai lue, elle
vous annonce que vous n'avez plus de compère.

POTIER.

Comment, Potier n'est pas arrivé ?

LE PORTIER.

M. Potier joue au Châtelet dans *Aladin ou la Lampe mer-
veilleuse.*

POTIER.

Que le diable l'emporte !... Une revue sans compère... que
devenir... C'est égal, fais toujours monter le public.

LE PORTIER.

Je l'ai quitté au troisième, le voilà.

POTIER.

Laisse-nous.

SCÈNE II

POTIER, DUBRANCARD.

DUBRANCARD, un billet de théâtre à la main et un parapluie sous le bras.

Pardon, le théâtre, S. V. P...

POTIER.

C'est ici, monsieur... si vous voulez être assez bon pour
pénétrer...

DUBRANCARD.

Ah ! c'est ici le... les fauteuils d'orchestre, sans vous com-
mander.

POTIER.

Monsieur... on les apportera demain, ils sont encore chez le tapissier... si vous voulez prendre une chaise en attendant...

POTIER.

POTIER.

Nous n'en avons pas, monsieur, nous plaçons les spectateurs sur le devant du théâtre.

DUBRANCARD.

Ah! tant mieux.je préfère, je verrai les actrices de plus près.

POTIER.

Ah! vous êtes amateur?

DUBRANCARD.

Oui, monsieur, à Landouillet-les-Vaches.

POTIER.

Plaît-il?

DUBRANCARD.

C'est mon endroit... je suis Breton et j'habite L'Andouillet-
les-Vaches, dans le département de la Mayenne.

POTIER.

Ce doit être un bien bel endroit...

DUBRANCARD.

Oui, Monsieur, mais ce n'est pas si grand que Paris, et
j'ai quitté Landouillet pour visiter tous les monuments, toutes
les merveilles de la capitale.

POTIER, à part.

Et moi qui cherchais un compère... (Haut.) Mais c'est inu-
tile, Monsieur, la revue que vous allez nous voir jouer vous
mettra au courant de toutes les nouveautés parisiennes.

DUBRANCARD.

En vérité...

POTIER.

Mais certainement.

DUBRANCARD.

Mais si je ne comprends pas pourrais-je faire des observa-
tions?...

POTIER.

Pour quarante sous, non monsieur ; mais si vous consentez
à prendre un modeste supplément d'un franc, vous aurez le
droit de vous mêler à la comédie, d'interroger les acteurs.

DUBRANCARD.

Et les actrices?...

POTIER.

Moyennant un franc de supplément !...

DUBRANCARD.

Fichtre ! je m'empresse de le verser ! — A Landouillet,
c'était mon rêve de parler aux comédiennes...

POTIER.

Très-bien ! parlez-leur donc ! ne vous gênez pas ! et comme
la pièce que nous allons représenter est le panorama vivant

de toutes les nouveautés de Paris, vous ferez d'une pierre deux coups, vous visiterez la capitale et jouirez des plaisirs de la comédie.

DUBRANCARD.

Monsieur, vous me comblez de joie! et tout ça pour un franc! — C'est donné.... je dirai même plus, c'est offert!

POTIER, à part.

Bravo! notre compère est trouvé, et un vrai, je crois... un compère-nature! (A Dubrancard.) Monsieur, nous allons commencer... placez-vous là.... vous n'êtes pas obligé de rester assis, vous pouvez vous relever avec le rideau que je vais faire baisser. (Criant.) Au rideau! (Le rideau baisse.) La pièce va commencer... souvenez-vous de vos droits et abusez-en.

DUBRANCARD.

J'en userai et j'en abuserai, parce que... (Voyant le rideau qui tombe entre lui et Potier.) Qu'est-ce que c'est que ça!... Ah! c'est le rideau... il aurait dû me prévenir... Tiens, il très-joli le rideau, on dirait la foire de Landouillet. (Entendant frapper les trois coups et bondissant.) Hein? quoi? saperlotte, ils me font des peurs... (Ici l'ouverture commence par un charivari.)

DUBRANCARD.

Pristi! sac-à-papier! Encore.... (Regardant les musiciens.) Ah! je n'avais pas vu... c'est la musique... C'est drôle comme ça surprend quand on ne s'y attend pas... (Allant s'asseoir.) Ah! ce motif est charmant! (Chantant avec l'orchestre.)

Tra la la la, ah! ah! ah! ah!

C'est dommage que je n'aie pas cultivé ma voix, je crois que j'en aurais pu faire quelque chose de joli. (Le rideau se lève, le théâtre représente le parc Monceaux.) Ah! tiens, nous voilà dans le parc Monceaux.

SCÈNE III

DUBRANCARD, LE PETIT JOURNAL, LE JOURNAL DE PARIS, L'AUTOGRAPHIE.

LE PETIT JOURNAL.

Demandez... *le Petit Journal...* Un sou !...

LE JOURNAL DE PARIS.

Demandez *le Journal de Paris...* Un sou !...

DUBRANCARD.

Un sou !... ça n'est pas cher... Voyons... quel journal vais-je prendre? (Au Journal de Paris.) Le vôtre?

LE JOURNAL DE PARIS.

Ou le sien, ça m'est égal !

DUBRANCARD.

Comment? une feuille rivale?... Vous ne craignez donc pas?

LE JOURNAL DE PARIS.

Ah! que vous êtes de votre pays !...

DUBRANCARD.

Mais certainement... que j'en suis...

LE PETIT JOURNAL.

Mais... le *Journal de Paris* et le *Petit Journal*... c'est le même journal...

DUBRANCARD.

Comment, *le Petit Journal* et le *Journal de Paris*.....

LE JOURNAL DE PARIS.

Air : *Bouton de rose.*

C'est la mêm'chose !
Nous vendons, sur les mêm's boulevards,
Les mêmes vers la même prose,
Les mêm's rengain's, les mêm's canards...
C'est la mêm'chose ! (*bis*).

DUBRANCARD.

Vous piquez ma curiosité...

LE PETIT JOURNAL.

Dans la crainte d'une concurrence... qu'est-ce qu' a fait *le Petit Journal*... Il s'est fait la concurrence lui-même, en créant le *Journal de Paris*... Ce sont les frères Lyonnet, des feuilles de chou... d'un sou !...

DUBRANCARD.

Tiens !... c'est adroit... ça... Et qu'est-ce que vous racontez dans vos petites machines ?

LE PETIT JOURNAL.

Une foule de choses... les vols, les assassinats, les incendies, les chiens écrasés...

DUBRANCARD.

Et vous ?

LE JOURNAL DE PARIS.

Les mêmes vols, les mêmes assassinats, les mêmes incendies... et...

DUBRANCARD.

Les mêmes chiens écrasés. Ça doit être extrêmement gai.. et la partie littéraire...

LE PETIT JOURNAL.

Air : *Ces postillons sont d'une maladresse.*

Notre journal est des plus littéraires,
Car nous avons le séduisant auteur
Des quarant'cinq et des trois mousquetaires !
Son nom fameux est chéri du lecteur,
Du vrai roman c'est le restaurateur.
Il a jeté l'esprit par cent fenêtres.
Mais dans ma feuille il a changé d'métier...
Tout nouvell'ment ce grand homme de lettres.
Vient d'se faire cuisinier,
Il s'est fait cuisinier.

8   LA REVUE AU 5ᵉ ÉTAGE.

DUBRANCARD.

Justement... j'ai besoin d'une cuisinière bourgeoise. (Il fouille à sa poche et va pour prendre un journal.)

L'AUTOGRAPHE, arrivant. Son costume est couvert d'autographes, de plus il porte à la main le journal connu.)

Oh! prenez-moi, monsieur, je vous en prie!

DUBRANCARD.

Qui êtes-vous?

L'AUTOGRAPHE.

Voyez!... (Il présente le journal.)

DUBRANCARD.

L'Autographe?... qu'est-ce que c'est? Encore un journal?

L'AUTOGRAPHE.

Non.

DUBRANCARD.

Un livre?

L'AUTOGRAPHE.

Non! c'est un échantillon des pattes de mouches de tous les hommes grands et petits... de la France... de la province et de l'étranger...

DUBRANCARD.

Ah! voyons-ça!

L'AUTOGRAPHE.

Tenez!... voici un autographe de Robinson-Crusoé!... quel style...

DUBRANCARD.

Lisons... (Il lit.) « Vous savez qu'au fond je me suis rude-« ment embêté dans mon île... signé Robinson... » Eh bien, cette croix qui est là!...

L'AUTOGRAPHE.

C'est la croix de Vendredi!... Il ne savait pas écrire... Il faisait sa croix!... Voyez encore celui-ci!... il est de Manon Lescaut...

DUBRANCARD.

Une petite Dame de l'ancien jeu!...

L'AUTOGRAPHE.

Voyez : (Lisant.) « Les hommes sont comme les clous, pour « les fixer, il faut qu'on les enfonce. — Signé Manon Lescaut. »

DUBRANCARD.

C'est très-profond... C'est une pensée de la rue La Roche-foucauld!... Diable! je vois là... des signatures... de toute sorte... avocats, hommes de lettres, pédicures.

L'AUTOGRAPHE.

Oh! Monsieur, il y en a pour tous les goûts.

Air de Julie.

C'est un Panthéon littéraire,
Vous y voyez chacun parler de soi.
Hommes d'état, hommes de guerre,

Hommes de plume, hommes de loi,
Et vous voyez toutes ces écritures
Lutter d'esprit.....

DUBRANCARD.
Vous devez faire erreur...
Si l'esprit était de rigueur.
Vous n'auriez pas tant d'signatures.

L'AUTOGRAPHE.
Oh ! nous sommes méchants.

DUBRANCARD.
Moi ! pas du tout... et la preuve, c'est que j'achète *l'Auto-graphe*, le *Petit Journal*, le *Journal de Paris*... j'achète tout.

LE PETIT JOURNAL.
C'est un sou !

LE JOURNAL DE PARIS.
C'est un sou !

L'AUTOGRAPHE.
C'est cinquante centimes !

DUBRANCARD.
Tant d'esprit pour la bagatelle de soixante centimes...
Voilà ! voilà ! voilà !... (Il paie et prend les journaux).

LES JOUNAUX.
Merci...

LE PETIT JOURNAL.
. *Le Petit Journal quotidien*, tirage 95,150 exemplaires.

LE JOURNAL DE PARIS.
Le Journal de Paris.

L'AUTOGRAPHE.
L'Autographe, paraissant tous les 15 jours...

TOUS.
Demandez, demandez-le... (Chacun sort en secouant son journal.)

DUBRANCARD, embarrassé de ses trois journaux et de son parapluie.
Saperlipopette ! mon parapluie me gêne pour lire mes journaux... je n'oserais cependant pas me débarrasser de mon parapluie... j'aurais dû le laisser à l'Hôtel.

SCÈNE VI

LES MÊMES, LE FACTEUR PARISIEN.

LE FACTEUR, entrant.
Vous avez quelque chose à faire porter, bourgeois ?

DUBRANCARD.
Oui, mon parapluie.

LE FACTEUR.
Donnez... je vais le porter au factage.

DUBRANCARD.
Ah ! bon, bien, oui.,. un facteur bleu, vous devez sortir d'une boutique jaune...

LE FACTEUR.

Oui, bourgeois.

DUBRANCARD.

Le factage parisien, 6 sous la course, prenez mon parapluie et portez-le au grand hôtel, chambre de Dubrancard.

LE FACTEUR.

Impossible, bourgeois. Il faut d'abord que votre parapluie soit porté au factage.

DUBRANCARD.

C'est juste. Voilà six sous, portez-le.

LE FACTEUR.

Pardon, bourgeois, c'est six sous, c'est vrai... mais d'ici au factage, je suis commissionnaire.

DUBRANCARD.

C'est juste. Quand on ne vous prend pas dans la boutique jaune... Voilà 15 sous... allez...

LE FACTEUR.

Vous ne payez pas le factage ?

DUBRANCARD.

Commen! je ne paie pas...

LE FACTEUR.

Les 15 sous, c'est pour ma course ; mais pour aller du factage au grand hôtel...

DUBRANCARD.

C'est juste, c'est encore six sous... voilà.

LE FACTEUR, sortant.

Merci, bourgeois... Au grand hôtel, M. Dubrancard.

DUBRANCARD.

C'est ça, courez. Ah ! je fais une réflexion : mon parapluie m'a coûté quarante sous, et j'en donne 21 pour le faire porter chez moi... j'aurais peut-être mieux fait de le perdre... avec 19 sous j'aurais pu... (Ritournelle de l'air suivant. — On entend des femmes pleurer au dehors, puis entrent trois pleureuses de Mabille.)

SCÈNE V

DUBRANCARD, TROIS PLEUREUSES.

DUBRANCARD.

Ah! Dieu du ciel, voilà des jeunes personnes bien affligées... (Allant au devant d'elles.) Pardon, Mesdemoiselles, serait-il indiscret de vous demander le motif de vos larmes ?

PREMIÈRE PLEUREUSE.

Air :

Déjà tout notre bonheur cesse,
On va démolir pour toujours
L'asile de notre jeunesse,
Le paradis de nos amours !

De ce jardin l'on nous exile,
Il va disparaître avant peu !
Pauvres pleureuses de Mabille.
Au bonheur il faut dire adieu !

DUBRANCARD.

Comment, vous êtes des pleureuses ?...

DEUXIÈME PLEUREUSE.

Oui, Monsieur, nous pleurons sur les ruines de notre royaume.

DUBRANCARD.

Ah ! Mabille était...

PREMIÈRE PLEUREUSE.

Le royaume de la danse...

TROISIÈME PLEUREUSE.

Et de la beauté. C'est étonnant ce qu'on y a fait de reines...

DUBRANCARD.

Vraiment, on y couronnait.

DEUXIÈME PLEUREUSE.

Non, Monsieur, on n'y couronnait personne, mais on pouvait y régner par la grâce, par l'entrain et par la légèreté.

PREMIÈRE PLEUREUSE.

Par la légèreté surtout.

TROISIÈME PLEUREUSE.

Aussi, il fallait voir comme nous étions toutes légères...

DUBRANCARD.

Pourquoi démolit-on Mabille ?

PREMIÈRE PLEUREUSE.

On le démolit pour en faire une maison.

DUBRANCARD.

Sapristi ! il y en a pourtant bien assez !

DEUXIÈME PLEUREUSE.

Oui, Monsieur, tandis qu'il n'y avait qu'un Mabille.

TROISIÈME PLEUREUSE.

Si j'étais gouvernement, je ferais démolir toutes les maisons pour en faire des Mabilles.

DEUXIÈME PLEUREUSE.

Certainement, ça serait bien plus gentil.

PREMIÈRE PLEUREUSE.

Ah ! Monsieur, c'en est fait de la gaîté française.

Air :

Pauvre jardin d'été,
Où régnait la gaîté,
Berceau de nos amours,
On vous démolit pour toujours.
De tous côtés, hélas ! on vous exile,
Reines d'un jour, qu'on voyait autrefois
Ingurgiter, pratiquer à Mabille
La demi glace et le billard chinois.

> Que d'hommes sérieux
> Dans ces bosquets joyeux
> Revenaient au printemps
> Pour se rappeler leurs vingt ans !
> Gentil bosquet, mystérieux asile,
> Où la danseuse avec Ernest, Arthur,
> Léon, Gustave, Eugène, Théophile,
> Venait causer du quadrille futur.
> Au milieu des lilas,
> On y chantait tout bas
> Un langoureux duo
> Accompagné par Pilodo.
> Douce musique, elle disait je t'aime !
> Et, si l'on vit la candeur succomber,
> Le bosquet, lui, restait toujours le même,
> Et maintenant c'est lui qui va tomber !
> Pauvre jardin d'été,
> Où régnait la gaîté,
> Berceau de nos amours,
> On vous démolit pour toujours !

TOUTES TROIS.

> Pauvre jardin d'été, etc.

DUBRANCARD, pleurant plus fort.

Hi ! hi ! hi ! hi !... ça m'attendrit, je larmoie !... je deviens un pleureur de Mabille... je ne le connaissais pas, mais je le pleure de confiance. (Bruit de trompette et ritournelle de l'air suivant.)

PREMIÈRE PLEUREUSE.

Ah ! mon Dieu ! cette musique !

SCÈNE VI

LES MÊMES, LE BAL MUSARD, puis JEUNES GENS et JEUNES DAMES.

LE BAL MUSARD, entrant.

C'est celle d'un consolateur. Séchez vos larmes jeunes filles Mabille est mort, vive le nouveau Bal Musard. Par ici, vous autres ! par ici !

Air : Barbistes et Barbettes.

> Accourez, le grelot résonne,
> Et son tintin va réveiller chicard,
> Accourez, la gaîté rayonne !
> Mabille est mort, vive le bal Musard !

(Entrée des jeunes gens.)

ENSEMBLE. — REPRISE.

> Accourons, le grelot... etc.

PREMIÈRE PLEUREUSE.

Hé quoi ! Musard s'en va renaître ?

LE BAL MUSARD.

Puisque Mabille vous fut cher,

A la place d'un bal champêtre,
Vous aurez un palais d'hiver !
PREMIÈRE PLEUREUSE.
Paris nous devait, je présume,
Ces lambris au lieu de tilleuls
On ne pouvait sur le bitume,
Laisser tous nos cavaliers seuls !
REPRISE DE L'ENSEMBLE.

LE BAL MUSARD.
Oui, jeunes affligées ! Mabille renaît de ses cendres, au moment où je parle, les mêmes maçons qui vous démolissent, travaillent à élever un immense local, rue de la Paix, sous l'invocation du grand Musard ! Incessamment réouverture des quadrilles, redowas et autres danses aimables ! prenez vos danseuses !
PREMIÈRE PLEUREUSE.
Vive Musard !
TOUS.
Vive Musard !
DUBRANCARD.
Vive Musard !... Je ne le connais pas, mais c'est égal.
PREMIÈRE PLEUREUSE.
Ah ! je le disais bien !... qu'on ne pouvait pas mettre des jeunes filles comme nous sur le pavé !... Voilà mes larmes séchées, à moi !
DEUXIÈME PLEUREUSE.
Je remmagasine mon mouchoir !
TROISIÈME PLEUREUSE.
Je resouris !
PREMIÈRE PLEUREUSE.
Vivent les bals de Paris, car on a beau dire, mes enfants, mais c'est encore là où on apprend le mieux à se tenir en société...

Air : *On demande une lectrice.*

Ta ra ta ta ta !
Voilà déja
Qu'avec cette musique
Joyeuse et magique,
Mon cœur, oui-dà,
Me souffle un entrechat !
REPRISE ENSEMBLE.
PREMIÈRE PLEUREUSE.
La danse est un plaisir facile
Chacun peut s'y montrer habile ;
Point n'est besoin de professeur,
Ni d'études pleines d'ardeur !
Qu'importe si le chorégraphe
Rit de nos fautes d'orthographe ;
Si le pas est joyeux

Et l'air mélodieux,
Vos principes, oui-dà,
Sont dans ces deux mots-là !
Écoutez ces accords :
Tous les mollets dehors !

ENSEMBLE.

Ta ra ta ta ta, etc.

(Danse et sortie de tous, excepté Dubrancard.)

DUBRANCARD.

Oh ! mais c'est très-amusant. (Dansant tout seul.) Ta ra ta ta ta. (Il envoie son pied au nez du facteur parisien qui rentre.)

SCÈNE VII

DUBRANCARD LE FACTEUR PARISIEN.

LE FACTEUR.

Monsieur, voilà votre parapluie.

DUBRANCARD.

Comment !... vous me le rapportez ?

LE FACTEUR.

On ne vous connaît pas au grand hôtel.

DUBRANCARD.

Comment !... on ne me connaît pas ?

LE FACTEUR.

Non, monsieur, j'ai vu le livre, et il n'y a pas de Dubrancard.

DUBRANCARD.

Mais où êtes-vous donc allé ?

LE FACTEUR.

Au grand hôtel du Boulevard-des-Capucines, ci-devant Hôtel-de-la-Paix.

DUBRANCARD.

Mais ce n'est pas ça, je demeure à la Maison-d'Or.

LE FACTEUR.

Vous me dites le grand hôtel.

DUBRANCARD.

Dame, oui, c'est aussi un grand hôtel.

LE FACTEUR.

J'y cours, c'est douze sous.

DUBRANCARD.

Comment, douze sous ?

LE FACTEUR.

Dam, oui, six sous pour revenir ici et six sous pour retourner là bas.

DUBRANCARD.

C'est juste... voilà... (Il paie.)

LE FACTEUR, sortant.

Merci, bourgeois.

DUBRANCARD.

Vingt et un et douze trente-trois..... J'aurais mieux fait de le perdre. Avec sept sous... (Ici un grand bruit mélodramatique à l'orchestre.) Juste ciel! qu'arrive-t-il?... (Regardant de tous les côtés.) Ah! mon Dieu, qu'est-ce que cela?

SCÈNE VIII

UN DIABLE ROSE, UN DIABLE NOIR, UN DIABLE JAUNE.
(Ils entrent de différents côtés.)

DUBRANCARD, les voyant entrer.

RÉCITATIF.

Que vois-je?... un diable noir!...
Un diable jaune! un diable rose!...
Racontez-moi, pour dire quelque chose,
Ce que chacun de vous fait voir.

LE DIABLE ROSE.

Air *de la fille de Dominique.*
J'arrive, j'arrive, j'arrive,
Gentil démon, que Gil Pérez captive,
J'arrive, j'arrive, j'arrive,
J'arrive du Palais-Royal.
En répandant à fortes doses
Le gros sel et les mots hardis,
J'ai voulu prouver qu'à Paris
Les femmes sont des diables roses...
Une actrice, ancienne danseuse,
Fait deux heureux
Pour tâcher d'être heureuse;
Une gentille blanchisseuse
Empoisonne son amoureux,
D'un maître d'armes assez bête
La femme est infidèle aussi;
Son amant ose à son mari
Porter une botte secrète.
Enfin, ma pièce est instructive,
Et, joyeux de ma tentative,
J'arrive, j'arrive, j'arrive,
Petit diable sentimental,
J'arrive du Palais-Royal! (*ter.*)

LE DIABLE NOIR.

Air *Des Nonnes de Robert le Diable.*
Du triste vaudeville, en moi, sans commentaire,
Vous pouvez voir
Un diable noir!
On croirait que je veux porter le diable en terre,
Tant je suis gai
Et distingué!

Air de *Castibelza.*
Fils de l'enfer, je cherche une victime.
Diable retors;

Je suis l'erreur, la débauche, le crime
    Et le remords.
DUBRANCARD.
Ah ! comme on doit se faire de la bile,
    Quand tous les soirs
On voit jouer, au joyeux *Vaudeville*,
    Les diables noirs !
TOUS.
Oui, les diables noirs.

LE DIABLE JAUNE.
    Air : *Au caf, au caf, au café concert.*
Le diable jaune est moins effrayant !
C'est un petit diable assez conciliant ;
Au Luxembourg, ce diable chéri
Fait vivre l'amant, la femme et le mari.
    Oui, je les rassemble
    Et toujours ensemble,
    Je les mène au bois
    Se promener tous trois.
    Tel est mon savoir
        Que mon pouvoir
    N'a pas de bornes...
    Des démons, enfin,
    Je suis le plus malin...
    Et tous les bénets,
        A qui je fais
    Pousser mes cornes,
        Ordinairement
    Les portent fort gaiement.
Dans le grand monde et dans le petit,
Au milieu des sots, chez les hommes d'esprit,
    Je me faufile et partout je suis
Le mieux accueilli des diables de Paris.
    Sans mon patronage
    Pas un bon ménage ;
    Je fréquente ceux
    Qui sont les plus heureux.
    Les époux constants
        Sont exigeants,
    Tristes et mornes,
    Ils sont soucieux,
    Jaloux, prétentieux.
    Mais tous les bénets,
        A qui je fais
    Pousser mes cornes,
        Ordinairement
    Les portent fort gaiement.

DUBRANCARD.
    Air : *Du Curé de Pompoune.*
Bon, je me méfierai de toi,
    Cher petit diable rose ;

Ne te glisse jamais chez moi,
  Diable noir et morose ;
Toi, ne crois pas me chagriner,
  Ma femme est sage et *jaune*.
Bref ! allez tous vous promener,
  Diables noir, rose et jaune.

LES TROIS DIABLES.

Air : *Fernand Cortès*.

A nous tous les pouvoirs !
Pour tromper les hommes,
  Nous sommes
Roses, jaunes et noirs !
A nous tous les pouvoirs !

(Ils sortent.)

DUBRANCARD, seul.

Ils sont gentils ces petits diables !... mais il y en a un que
je n'ai pas compris... le noir. Qu'est-ce qu'il a voulu dire ?

SCÈNE IX

DUBRANCARD, GASTON DE CHAMPLIEU.

GASTON, en dehors. (Voix de Félix.)

Enfer et salpêtre !... Il y a donc des légions de chats et de
rats pour m'empêcher de dormir !... qui donc vient troubler
mon repos ? (Il entre.)

DUBRANCARD.

C'est un somnanbule !... s'il est lucide, il me dira peut-être
ce que c'est que les diables noirs...

GASTON.

Vous ne savez pas ce que c'est que des diables noirs ?... Je
vais vous l'expliquer, moi.

DUBRANCARD.

Vous me ferez plaisir.

GASTON.

Monsieur, une supposition : Vous êtes une comtesse, une
baronne, une marquise... quelque chose de noble...

DUBRANCRD.

Moi, monsieur ?

GASTON.

Vous êtes une très-jolie femme.

DUBRANCARD.

Ah ! c'est une supposition.

GASTON.

Il arrive dans votre château un gentilhomme très-distin-
gué, qui a reçu une bonne éducation, des principes d'honneur et de noblesse et qui pénètre chez vous dans l'intention
de vous séduire...

DUBRANCARD.

Je ne vois pas dans tout ça le moindre diable noir.

GASTON, (voix de Numa.)

Attendez donc... Le gentilhomme très-adroit... car il est très-adroit... vous tient à peu près ce langage : (Voix de Laferrière.) Madame, je suis un gentilhomme doublé d'un cocher de fiacre ; élégant à l'extérieur, mon intérieur est quelque chose d'abject... je renferme en moi tous les vices : je suis menteur, tricheur, voleur, ivrogne et libertin ; mais je cache toutes mes turpitudes sous des dehors brillants. (Voix naturelle.) Pardon, je me trompe, la distribution des rôles a été changée. (Voix de Berton.) Je suis une cuiller d'étain dorée par le procédé Ruolz.

DUBRANCARD.

Et c'est pour me séduire, moi comtesse, que vous me dites tout ça ?

GASTON, (voix de Numa.)

Et il y arrive, un soir que l'orage ferme les portes et ouvre les fenêtres de votre château.

DUBRANCARD.

Allons, bon !... voilà l'orage qui s'en mêle !

GASTON.

Et il tient tout ce qu'il a promis. Une fois que la baronne est en son pouvoir, il va rejouer, il se regrise, il se reruine, il la filoute pour payer ses lettres de change.

DUBRANCARD.

Mais c'est une canaille, savez-vous.

GASTON.

Mais non... ce n'est pas lui qui agit.

DUBRANCARD.

Qui donc ?

GASTON.

Les diables noirs... qui avaient commencé par être des diables bleus !

DUBRANCARD.

Je crois qu'ils sont redevenus bleus !

GASTON, voix naturelle.

Air : *De la Bonne Aventure.*

Je prouve que l'homme en u
Est-ce de sa faute ?
Renferme des diables, qui
Chagrinent leur hôte.
Donc, s'il manque à ses devoirs,
C'est, par de secrets pouvoirs,
La faute
Des diables noirs ;
Ce n'est pas sa faute.

DUBRANCARD.

Avec ce raisonnement
Et cette morale,
On peut donc assassiner

Son père et sa mère,
Son épouse et ses enfants,
Si l'on n'a qu'à dire : c'est
La faute.
Des diables noirs;
Ça n'est pas ma faute.

GASTON, voix de Félix.

Vous raisonnez comme un pot,
D'ailleurs, lisez Plaute;
En littérature il faut
Marcher tête haute.

(Voix de Numa.)

Le scandale est un trafic ;
Si mon drame est trouvé chic,
C'est la faute
Du public,
Ce n'est pas ma faute.

(Il sort.)

DUBRANCARD, seul.

Ah! pour un vilain Monsieur, voilà un vilain Monsieur!

SCÈNE X

DUBRANCARD, TRICK, des Diables noirs.

TRICK, entrant et tapant sur l'épaule de Dubrancard.

Dis donc, toi... bourquoi que tu ne tis rien?

DUBRANCARD.

Hein?... quoi?... qu'est-ce que c'est encore que celui-là?...

TRICK.

Ch'en suis aussi tes Tiaples noirs, moi, Trick, que ch'aime tant ma maîtresse, que ch'aime tant ses betits amis, que che brète les mains à toutes ses petites intrigues, en pon bère te vamille que che suis.

DUBRANCARD.

Qu'est-ce que vous me baragouinez-là, vous?... il m'ennuie, celui-là !

TRICK, voix de Parade.

Eh bien! et moi, est-ce que vous croyez que je m'amuse?... ils me font parler allemand... pourquoi ça ?

DUBRANCARD.

Je n'en sais rien, moi !

TRICK.

Ils me font tutoyer tout le moude... pourquoi ça?

DUBRANCARD.

Je n'en sais rien, moi!

TRICK.

Ils me mettent à toutes sauces... pourquoi ça ?

DUBRANCARD, impatienté.

Je n'en sais rien, moi !...

TRICK.

Ils me font pleurer dans leurs mélodrames... avec ça que je suis joli quand je pleure... tenez... voyez... dans Dalila, quand je disais : « C'est ma fille !... ma pauvre enfant !... ils me » l'ont tuée, les misérables !... elle est morte !... elle est » morte !... » Voyez comme je suis joli !... aussi, j'en ai assez !... je ne le joue plus... j'aimerais mieux aller jouer le rôle de Potier dans Aladin... et je parlerais comme lui... écoutez... (Avec la voix de Potier.)

Air : *Qu'il est flatteur d'épouser celle.*

Tu n'as pas les mœurs de ton sexe,
Je te le dis en vérité,
Et j'ai peur qu'un jour ça ne vexe
Ta grande sensibilité.
Je te le dis, je le répète,
Songes-y, mon enfant chéri,
Toujours chasser la grosse bête.
Ça peut inquiéter ton mari.

(Il sort et se rencontre avec Potier qui entre.)

SCÈNE XI

DUBRANCARD, POTIER.

POTIER.

Ah ! ça, qu'est-ce qui vient donc de me tomber sur la tête ?

DUBRANCARD.

Ah ! je vous reconnais, vous !

POTIER.

Taisez-vous donc. Ici je ne suis plus moi... je joue ma scène.

DUBRANCARD.

Ah ! bon ! bien ! allez ! (Ici l'on voit tomber des papiers du cintre.) Qu'est-ce que c'est que cela ?...

POTIER.

Encore ces papiers ! (Il en ramasse un.)

DUBRANCARD, qui a ramassé deux papiers, lisant le premier.

« Nous ne voyons plus Paris que comme un point imper- » ceptible. — Tout va bien. »

POTIER, lisant le papier qu'il tient.

« Nous suivons le vent du nord, nous nous dirigeons sur » la Belgique. — Tout va bien. »

DUBRANCARD, lisant un troisième papier.

« Il fait très-froid, nous sommes tous enrhumés. — Tout va » bien. » Ah ! j'y suis !... le ballon géant... oui, je l'aperçois !

POTIER.

Mais de la prudence !

Air : *Ne raillez pas la garde Citoyenne.*

De ce ballon ne disons rien encore :
Il a fait rire et frémir tour-à-tour.

Ce qu'il en doit résulter, je l'ignore,
Mais ne peut-il être célèbre un jour ?
Nous sommes tous incrédules en France,
De vanité tous plus ou moins remplis ;
Ne sachant rien, fiers de notre ignorance,
Nous n'acceptons que les faits accomplis.
Il se pourrait qu'à travers les nuages
Un homme un jour nous frayât des chemins,
En s'élevant au-dessus des orages,
Qui de là haut planent sur les humains.
Si c'est un rêve, eh bien ! il m'ensorcèle,
Mon cœur palpite et, d'honneur, mon sang bout,
Lorsque Nadar, du haut de sa nacelle,
Dit : Lâchez tout ! nous partons ! lâchez tout !
Certainement, je suis tenté de rire,
Quand c'est à Meaux, que le voyageur court ;
Mais je pâlis, je frissonne et j'admire,
Quand son ballon va se perdre à Niembourg,
Sans demander un but à ce voyage,
Quand je le vois fatalement finir,
De tout mon cœur j'applaudis au courage
Et lui souhaite un triomphe avenir !
De ce ballon, ne parlons pas encore ;
Il a fait rire et frémir tour à tour à tour.
Ce qu'il en doit résulter, je l'ignore,
Mais il peut bien être célèbre un jour.

(Il sort.)

SCÈNE XII

DUBRANCARD, puis LE FACTEUR PARISIEN.

DUBRANCARD, seul.

Je vais toujours serrer ces petits billets, souvenirs du ballon géant, qui relativement à..... (Il met les papiers dans sa poche.)

LE FACTEUR, rentrant.

Monsieur, voilà votre parapluie.

DUBRANCARD.

Encore !

LE FACTEUR.

On ne vous connait pas à la Maison d'or.

DUBRANCARD.

En voilà bien d'un autre... d'où venez-vous ?

LE FACTEUR.

De la Maison d'or du boulevard des Italiens.

DUBRANCARD.

Que le diable vous emporte ! je vous ai dit le grand hôtel doré, la maison d'or du boulevard Montmartre, a côté du théâtre des variétés.

LE FACTEUR.

Vous ne m'avez pas dit tout ça, mais c'est égal j'y retourne... c'est douze sous.

DUBRANCARD.

Oui. Eh bien ! faites-moi un plaisir, gardez mon parapluie.

LE FACTEUR.

Que je le garde?

DUBRANCARD.

Je vous en fais cadeau.

LE FACTEUR.

Mais, bourgeois...

DUBRANCARD.

Ah ! ça, est-ce que vous croyez que je vais me ruiner en factage parisien ? voilà mon parapluie, il vaut 40 sous, je vous en dois six, c'est 34 sous que vous me redevez. Je vous en fais cadeau, allez vous promener.

LE FACTEUR.

Il vaut 40 sous... il vaut 40 sous... (Ouvrant le parapluie qui est tout disloqué.) Vous donnerez bien dix sous pour faire remettre une baleine.

DUBRANCARD.

Eh bien, oui. (Il les lui donne.)

LE FACTEUR.

Merci, bourgeois. (Il sort.)

DUBRANCARD, seul.

Ah ça, mais j'y pense... pour deux sous de plus j'aurais gardé mon parapluie... mais on m'a parlé d'une syrène qui chante dans un café-concert... (Un garçon de café entre très-précipitamment. Il porte une petite table qu'il place devant Dubrancard.)

SCÈNE XIII

DUBRANCARD, UN GARÇON DE CAFÉ, puis UNE CHANTEUSE.

LE GARÇON, essuyant la table.

Voilà ! voilà !,..

DUBRANCARD.

Comment, voilà?... d'où sort-il celui-là ?

LE GARÇON, plaçant une chaise à côté de la table.

Renouvelez, Monsieur, renouvelez.

DUBRANCARD.

Que je renouvelle, quoi ?

LE GARÇON, très-vite.

Punch, rhum, kirsch, bok, chope, grog ?

DUBRANCARD, répétant machinalement.

Grog !

LE GARÇON, sortant très-vite.

Voilà ! voilà ! servez grog, 17. — Boum !

DUBRANCARD, seul devant la table.

Qu'est-ce qu'il dit ?... qu'est-ce qu'il dit ?... pourquoi m'a-t-il apporté une table et une chaise ? J'avais demandé une syrène.

LE GARÇON, apportant un grog.

Voilà ! voilà ! (Il le dépose sur la table.)

DUBRANCARD, étourdi.

Comment, voilà ?... voilà, quoi ?

LE GARÇON, sortant.

Renouvelez, Messieurs, renouvelez.

DUBRANCARD.

Il m'apporte un grog ! (S'asseyant.) Au fait, je me rafraîchirai volontiers. J'aurais préféré la syrène, mais...

LA CHANTEUSE, entrant.

La syrène, c'est moi !

DUBRANCARD, se levant.

Pardon, madame, je n'avais pas l'honneur...

LA CHANTEUSE.

Ne vous dérangez pas, Monsieur... consommez.

DUBRANCARD.

Seul devant vous, jamais... à moins que madame ne daigne !

LA CHANTEUSE.

Monsieur, je ne chante que devant des gens qui boivent ou qui fument.

DUBRANCARD.

Ah ! alors, c'est différent... je consomme.

LA CHANTEUSE.

J'ai crânement de chic pour empaumer mon public. C'est inoui les demi-tasses que l'on consomme à mon intention.

DUBRANCARD.

Ah ! vous poussez à la consommation ?

LA CHANTEUSE.

J'ai connu un Monsieur, qui, après m'avoir entendue, a été quinze nuits sans dormir.

DUBRANCARD.

Parce qu'il vous avait entendue ?

LA CHANTEUSE,

Et parce qu'il avait renouvelé cinquante-deux fois sa demi-tasse.

DUBRANCARD.

Bigre de bigre ! on est donc obligé de renouveler...

LA CHANTEUSE.

Pas cinquante-deux fois. Il renouvelait, sans s'en apercevoir, pendant que je chantais le chemin du moulin.

DUBRANCARD.

Ah ! sapristi ! le chemin du moulin !... chantez-moi le chemin du moulin !

LE GARÇON, rentrant.

Renouvelez, Monsieur, renouvelez !...

DUBRANCARD.

Oui, garçon, tout ce que vous voudrez. (Le garçon lui sert une glace.) Mais le chemin du moulin, madame, je veux connaître

le chemin du moulin... sans elle... non, avec elle... (Il lutine
la chanteuse.)

LA CHANTEUSE, se défendant.

Mauvais sujet! — Alors on y va! (Elle chante le premier couplet du chemin du moulin.

DUBRANCARD, après le chant.

Bravo! ah! je suis abreuvé de mélodie!

LE GARÇON.

Renouvelez, Monsieur, renouvelez!

DUBRANCARD.

Oui, je renouvelle... mes compliments.

LE GARÇON.

Mais non, ce n'est pas cela. (Il lui sert un verre de chartreuse.
La chanteuse chante le deuxième couplet et sort.)

DUBRANCARD, se levant.

Comment, elle m'a quitté!... elle s'en va!

LE GARÇON, rentrant.

Monsieur, c'est 6 fr. 50.

DUBRANCARD.

Comment, 6 fr. 50?

LE GARÇON.

Un grog, 80 centimes. — Une glace, 3 francs. — Chartreuse, 2 francs 50. — 6 francs 30. — Plus 4 sous pour le
garçon : 6 francs 50.

DUBRANCARD, payant.

Mais, à ce compte-là, j'aurais pu aller à l'opéra.

LE GARÇON.

Oui, mais vous ne seriez pas à l'alcazar. (Il sort, en empor-
tant la table et la chaise. — Ici, ritournelle de l'air suivant.)

DUBRANCARD.

Cette musique !... elle doit me roucouler quelque chose...
(remontant.) Oh! les beaux hommes !... si je ne m'abuse,
ce sont des Troyens... nous allons nous amuser. (Entrée d'Enée
suivi de quatre Troyens.)

SCÈNE XIV

DUBRANCARD, ENÉE, QUATRE TROYENS.

ENÉE, en costume troyen, casque, cuirasse, un sac de garde nationale
sur le dos. Il est suivi de quatre Troyens dans un état de délabre-
ment complet.

ÉNÉE.

Air : *De Saltarello.* (*Lindheim.*)

Allons, troyens, en avant, arche!
Il faut aller bon gré, malgré!
Si vous êtes fatigués d'la marche,
Vous arrêt'rez... quand j'vous l'dirai.

(Il les fait placer en ligne face au public.)

Une ! deux ! frappez la mesure !
Sans bouger d' plac' marquez l' pas !
Halte !... et le doigt sur la couture
Du pantalon qu' vous n'avez pas ?
TOUS.
Allons, Troyens, etc., etc.

C'est bien !... reposez-vous... tout debout ! et marquez l'
pas. (Les troyens continuent à marquer le pas, tandis qu'Enée s'avance
vers la rampe au public.) Mon histoire est bien simple... Je suis
Enée, un cadet de famille...

Air : *Non, point de pardon.*
De madam' Didon,
Une gross' dondon,
J'étais l' céladon...
Couvert d'édredon,
J' prenais du bedon ;
Mais je m' dis : pardon !
Du p'tit cupidon
Je serais l' dindon !
        Cric, crac !
J'ai pris mon sac,
Et, comme un lâche,
Je m'esquive et j' la lâche !
    Or donc,
    Adieu, Didon,
Et tout, ce dont, dont Didon m'a fait don.

II

Près d' son guéridon,
Avec abandon,
Plus d' léger fredon,
Plus de rigodon !
Assez d' corydon !
Assez d'amour ! donc,
D'une voix d' bourdon,
    J'ai crié : cordon !
        Cric, crac !
J'ai pris mon sac,
Et, comme un lâche,
Je m'esquive et j' la lâche.
    Or, donc,
    Adieu, Didon,
Et tout ce dont, dont Didon m'a fait don !

Récitatif *de M. Lindheim.*

ÉNÉE, aux Troyens.
Marquez le pas.
DUBRANCARD.
        O ciel ! est-il possible !
Pardon, monsieur, pardon,

2

A ses pleurs insensible,
Avez-vous donc abandonné Didon !
ÉNÉE.
Elle avait, cette femme, une âme des plus noires !
Il fallait, loin du monde et du bruit,
Lui raconter une foule d'histoires,
Aux heu, aux heu, aux heu, aux heures de la...
DUBRANCARD, faisant la note basse.

Nuit.

ÉNÉE.

(Parlé.) Merci !

Air : De M. Lindheim. (*Le sire de vas-y voir.*

Adorant mon langage,
Je ne pouvais rester
Un seul jour dans Carthage,
Sans lui rien raconter.
J'usais mon répertoire,
Je perdais mon latin,
Je perdais la mémoire...
Je devenais crétin !

II

Un soir, j'étais morose,
J' lui raconte Aladin.
Elle dit : j'aim' mieux autr' chose,
Quelque chos' de badin.
Je lui cont', par mégarde,
Pour nous t' nir éveillés,
Le zouav' de la garde...
Et ça nous a brouillés !

AUX TROYENS.

(Parlé.) Marquez toujours le pas !...

Air : *Ça n' pouvait pas durer comme ça.*
Ça n' pouvait pas durer comm' ça
Et, sans lui chercher noise,
Hier au soir, j'ai planté là
Cette carthaginoise...
Ginoise, *bis.*
En Italie, oh ! fidèles troyens,
Découvrant ce grand champ de bataille,
Qui doit un jour former des citoyens
Des fumist's et des chapeaux de paille !
Dans cett' Cartage, en vérité,
Aux pieds de cette belle,
J'étais trop emberlioz...
Emberlificoté !

(Commandant.) Troyens, garde à vous !... portez armes ! par
le flanc droit, droite ! arche !

REPRISE ENSEMBLE.
Ça n' pouvait pas durer comme ça,

Et, sans lui chercher noise,
Hier Énée a planté là
Une carthaginoise...
    Ginoise, *bis.*

(En répétant le refrain, ils se sont mis en marche et ont gagné la gauche,
lorsque tout à coup, Énée qui marchait en tête, recule sur le premier
Troyen qui recule sur le second, qui recule sur le troisième, lequel en
reculant sur le quatrième le jette par terre.)

ÉNÉE.

Grand Dieu! c'est elle!

DU BRANCARD.

[illisible] Elle, Didon?

ÉNÉE.

Non, c'est une autre reine!

DUBRANCARD.

Qui donc?

ÉNÉE.

La souveraine
De Macassar!

SCÈNE XV

LES MÊMES, ROSAMBO, SAUVAGES HOMMES ET FEMMES.

Quatre sauvages portent Rosambo sur un palanquin.

ROSAMBO, aux sauvages.

Air : *Du Charlatan.* (Les voyages de la vérité.) (Henri Potier.)

De tout un peuple sauvage
C'est la reine qui voyage;
En tout lieu, chacun devra   } *bis.*
Fêter cette reine là!

ROSAMBO.

Arrêtez-vous, quoique sauvage,
Lorsque je vois, sur mon chemin,
   Un joli blondin,
   Pour lui parler soudain.   } *bis.*
J' fais arrêter mon palanquin.

TOUS.

Elle ordonne soudain   } *bis.*
Qu'on arrête son palanquin.

ROSAMBO, aux sauvages.

Halte!... (Les sauvages mettent à terre Rosambo qui regarde Énée.)
Il est beau cet homme.

ÉNÉE.

Elle me fait l'œil américain.

ROSAMBO.

Veux-tu me raconter ton histoire?

ÉNÉE.

Encore! ah! non! non... j'en ai assez!

DUBRANCARD.

Et moi aussi.

ENÉE.

A vous la pose... j'aime mieux ça !...

ROSAMBO.

Soit !... tu vois en moi, bel étranger, la reine de Macassar...
l'infortunée Rosambo.

ENÉE.

Nous ne sommes pas de la même époque et notre rencontre ici est un anachronisme ; mais ça ne fait rien, allez toujours.

ROSAMBO.

Imagine-toi, mon bonhomme, que j'ai été nommée reine
de Macassar... à la condition de ne boire que de l'eau...

ENÉE.

C'est dur !

ROSAMBO.

Pas le moindre cassis !... ni un verre de vieille !... plus de
rincettes... ni de surincettes... ni de coup de l'étrier !...
certes, je suis une femme !... je n'ai pas l'intention de me
livrer aux alcools...

Air *de Manon Giroux*.

Mais veut-on que je périsse ?
Native d'un pays chaud,
Il faut que je m'rafraîchisse...
Ça n'peut pas être un défaut.
Et je souffre, foi de reine,
D'avoir un' constitution
Qui fait du mal à la mienne,
De constitution.

ENÉE.

Elle a raison, la petite mère...

ROSAMBO.

Aussi... je n'ai fait ni une ni deux... j'ai pris, comme on dit
dans nos savanes, mes cliques et mes claques, et sous le pré-
texte... d'aller prendre les eaux... (puisque cela m'est or-
donné) j'ai emmené avec moi ces braves sauvages qui sont
dans mes idées, et qui appartiennent à la tribu des Pochardas.

ENÉE.

En effet... ils ont l'air assez pochardas...

ROSAMBO.

Et je me promène... hors de mes Etats, en me livrant de
temps en temps à une petite régalade innocente !...

ENÉE.

Tiens ! tiens !...

ROSAMBO.

J'ai des provisions... tenez !... (Aux sauvages.) Hup !... (Les
sauvages se retournent et laissent voir un panier à bouteilles que cha-

cun d'eux a sur le dos. — Rosambo va prendre une bouteille et deux verres.)

ENÉE, prenant un verre.

Mais qu'est-ce que c'est que ça ?...

ROSAMBO.

Des liqueurs qui n'étaient pas en vente de votre temps...

DUBRANCARD, prenant un verre.

Ah ! mais, si l'on gobichonne, j'en suis ! (Pendant le morceau suivant, les sauvages versent à boire aux Troyens.)

ROSAMBO, versant à Enée et à Dubrancard.

Air *de la patrouille.*

Quand nous rencontrons quatre hommes } *bis en chœur.*
　　Conduits par un caporal,
　　Tout sauvage que nous sommes,
　　Nous leur offrons un régal.
　　Dans ce pays de cocagne, } *bis en chœur.*
　　Voulez-vous boire avec moi,
　　De la liqueur de champagne
　　Faite avec je ne sais quoi ?
　　Devant cette liqueur-là
Tout l'univers s'agenou ou ou ou ouille.
　　　C'est Rosambo qui paîra
　　　　La goutte à la pa,
　　　　　A la pa pa,　　} *bis en chœur.*
　　　C'est Rosambo qui paîra
　　　　La goutte à la patrouille !

II

　　Chaque bouteille est divine, } *bis en chœur.*
　　Goûtez encore ces deux-là.
　　Voici de la trappistine
　　Et de la liqueur de Spa !
　　Quand vous devriez par terre, } *bis en chœur.*
　　Rouler dans le macadam.
　　Troyens, tendez votre verre
　　Et buvez du surinam !
　　Rien ne vaut ce nectar-là,
Il charme, il brûle, il chatou ou ou ou ouille.
　　　C'est Rosambo qui paîra, etc.

TOUS.

C'est Rosambo qui paîra, etc.

Rosambo remonte sur son palanquin et sort avec les sauvages.

ENÉE, sortant avec les Troyens qui sont ivres et chantant.

C'n'est pas ma faut' si vous êtes tou's malades.

DUBRANCARD, seul.

Eh bien ! où sont-ils donc ?... Envolés !... Ah ! c'est égal, je ne regrette pas mes trois francs, ni même mes 33 sous de parapluie, ni mêm' mon parapluie de 40 sous !... (chantant.)

2.

C'est Rosambo qui paira
La goutte à la pa...
Entre Bobin.

SCÈNE XVI

DUBRANCARD, BOBIN, puis JOSEPH.

BOBIN, à la cantonnade.

Vous n'entrerez pas. Je vous escamoterai plutôt tous. Une, deux, partez, muscades, les voilà parties!...

DUBRANCARD.

Qui donc, monsieur?

BOBIN.

Une kirielle d'enchanteurs, un déluge de magiciens qui, cette année, s'est répandue dans la capitale; mais de tous ces prestidigitateurs. le plus grand, le plus célèbre, le plus épatant, c'est moi, Bobin, tenez. regardez!... (Il agite sa baguette. le théâtre change et représente un cabinet d'escamoteur magnifique. Trois tables sont montées du dessous, le fond représentant des pièces mécaniques resplendissant de cristaux et de lumières.

DUBRANCARD, pendant le changement.

Voilà un cinquième étage bien machiné!... comme ça doit être agréable pour le locataire du quatrième!... (après le changement) Saperlipopette! je vois trente six chandelles!

BOBIN.

Et, maintenant, monsieur, je vais avoir l'honneur de vous présenter Joseph. Entrez, mon noble domestique... (Entre Joseph.) Ceci vous représente un jeune groom de la plus belle venue; c'est lui qui me sert dans mes opérations... pour le physique (vous devez être de cet avis) c'est un homme du monde, comme intelligence, c'est une mère pour moi. Joseph, je vous autorise à faire un speech.

JOSEPH.

Ça m'embête crânement, ce métier-là... (Au public.) Faut vous dire que je n'ai pas le moindre goût pour la prestidigitation. (Il dit le mot très-vite.) En voilà un mot qui me fait mal à prononcer. (Répétant ce mot.) Prestidigitation. Y m'semble que j'avale des salsifis... Je n'ai pas osé refuser... vous comprenez, entre camarades... ; mais si je fais des boulettes, tapez sur lui. (Il montre Bobin.) Voilà mon speech.

BOBIN.

Vous avez terminé, Joseph?... à votre poste la séance va commencer. — Mesdames et messieurs, j'oserai vous engager à ouvrir fortement l'œil, car je vous préviens que mon plus grand désir est de vous fourrer dedans. (Au public.) Quelqu'un parmi vous a-t-il un homard à me prêter... Hein?... non... personne... c'est fâcheux... je passerai le tour du homard, car si je vous en montrais un sortant de chez moi,

vous pourriez croire qu'il est préparé... approchez, Joseph !
(Le montrant.) — Je vous prie de bien examiner ce domestique
dont la spécialité est de pondre des œufs. Regardez, messieurs,
je lui donne un petit coup sur la tête, v'lan, et voici l'œuf !
(Il retire un œuf de la bouche de Joseph et le dépose sur un plat.)
Autre petite gifle. V'lan ! autre œuf (Même jeu.) Troisième
calotte, v'lan ! troisième œuf !

DUBRANCARD.

Comment diable ça peut-il se faire ?

BOBIN.

Quatrième torniole : V'lan !

JOSEPH.

Ah ! dites-donc, vous frappez trop fort, vous. (Il s'est retour-
né, on aperçoit un chapelet d'œufs qui pendent dans son dos.)

BOBIN.

Que fais-tu, imbécile ?...

DUBRANCARD.

Il avait les œufs dans le dos.

BOBIN.

Là, le tour est manqué, crétin.

JOSEPH.

Ne tapez pas si fort !

BOBIN.

Douillet... nous allons réparer ça par le superbe tour du
pistolet prodige... (A Dubrancard.) Monsieur, voilà un Devisme,
un excellent Devisme... une poire à poudre et une balle de
calibre, veuillez, je vous prie, charger cette arme vous-
même...

DUBRANCARD.

Volontiers, ça me connaît... j'étais bon chasseur autrefois.

BOBIN.

Joseph, allez vous préparer.

JOSEPH, sortant.

Voilà encore un tour que j'abomine.

BOBIN.

La balle entre-t-elle ?

DUBRANCARD.

Oui, Monsieur.

BOBIN.

C'est bien du vrai plomb ?

DUBRANCARD.

Oh ! oui, Monsieur.

BOBIN.

Y êtes-vous ?

DUBRANCARD.

M'y voici.

BOBIN.

Entrez, Joseph, et placez-vous à dix pas de Monsieur...

JOSEPH, rentrant.

J'aime mieux me mettre à quinze pas...

BOBIN.

Comme vous voudrez. Vous y êtes?.. bien... (A Dubrancard.) Monsieur, tirez sur mon domestique.

DUBRANCARD.

Que je tire un pistolet chargé à balle sur un de mes semblables ?

BOBIN.

N'ayez aucun effroi, dans son parcours la balle se transformera en rose.

DUBRANCARD.

Vous croyez ?

BOBIN.

J'en suis sûr... tirez.

DUBRANCARD.

Puisque vous le voulez... (A part.) C'est égal, crainte d'accident, je vais tirer très-bas.

BOBIN.

Y êtes-vous ?

DUBRANCARD.

Oui.

BOBIN.

Une, deux et trois. (Dubrancard tire, Joseph se retourne et l'on voit une rose pendre au pan de son habit.)

BOBIN.

Voilà la rose...

DUBRANCARD.

Ah ! c'est prodigieux ! c'est admirable ! comment ça peut-il se faire ?

BOBIN, il remonte.

C'est mon secret.

JOSEPH, bas à Dubrancard.

Je vais vous le dire, c'est moi que je me l'attache dans le dos avant d'entrer.

DUBRANCARD.

Mais la balle ?

JOSEPH.

Elle tombe dans le double fond du pistolet.

DUBRANCARD.

Mais alors, c'est pas malin.

BOBIN.

Nous allons terminer par le chapeau de Fortunatus.

JOSEPH.

Allons bon, voilà qu'il faut que je descende dans le dessous ! quelle scie !... (Il sort.)

BOBIN.

Quelqu'un dans l'aimable société aurait-il un chapeau à me

prêter? (En trouvant un sur l'avant-scène.) Ah! en voilà un.
(A un monsieur dans la loge.) C'est à vous, Monsieur? (Le monsieur fait un signe affirmatif.) Vous permettez? (Autre signe affirmatif.) Merci, Monsieur. (Au public.) Vous voyez ce chapeau, il
n'est nullement préparé ; je le recouvre de ce foulard. Mais
d'abord, voyez bien qu'il n'y a rien dedans. (Il s'approche du
trou du souffleur et pendant qu'il présente le foulard au public, il tend
le chapeau à Joseph qui, du trou du souffleur, met dans le chapeau une
quantité d'objets.)

BOBIN.

Plus adroitement donc, animal ! (Reprenant son ton d'escamoteur.) Je couvre le chapeau du foulard et je dis : Chaillou-
laba, cacarasca... le tour est fait... Vous le voyez, le chapeau
est rempli de bonbons de chez le plus célèbre confiseur de
Paris... Si ces dames veulent me permettre... (Distribution.)

DUBRANCARD.

Ah! par exemple... j'avoue... vrai, ça me passe, comment
donc que ça peut se faire?

JOSEPH, du trou du souffleur.

C'est moi... je suis là... c'est moi...

DUBRANCARD.

Ah! vous voilà, vous...

JOSEPH, montrant d'autres bonbons,

J'ai le sac.

DUBRANCARD.

Ah! il a le sac.

BOBIN.

Il n'y en a plus... quand il n'y en a plus... il y en a
encore... Vous voyez bien ce foulard? il n'y a rien de préparé. (Même jeu).

DUBRANCARD.

Ah! bon ! je vois. C'est pendant qu'il montre le foulard, que
l'autre... ça n'est pas malin. (Grande distribution. Bruit au dehors.)

DUBRANCARD, remontant.

Ah! tiens, voilà tous ces Messieurs et toutes ces Dames.

SCÈNE XII

TOUS LES PERSONNAGES.

CHOEUR.

Par un refrain charmant
Terminons la revue ;
On fait moins de bévue
Quand on parle en chantant.

POTIER, à Dubrancard.

Monsieur, c'est fini.

DURRANCARD.

Oh ! c'est fini comme ça !

POTIER.

Il devait y avoir un vaudeville final ; mais l'auteur ne l'a
pas fait.

ÉNÉE.

Si nous l'improvisions ?

GASTON

C'est dit, chacun son couplet.

DUBRANCARD.

Je demande à improviser le mien.

POTIER.

Impossible, à moins de prendre un supplément.

DUBRANCARD,

Combien ?

POTIER.

Un franc.

DUBRANCARD.

C'est pour rien. (Le donnant.) Voici.

POTIER.

Merci.

DUBRANCARD.

Allons-y.

VAUDEVILLE FINAL.

POTIER.

REFRAIN.

Sapristi ! ça n'est pas malin !
   Il est facile
De faire un vaudeville.
Sapristi ! ça n'est pas malin
D'improviser son refrain,
   Son quatrain !

} bis en chœur.

(Ce refrain se reprend après chaque couplet.)

LA CHANTEUSE.

I

Un parc aux huîtr's, que les parisiens r'marquent,
   Au Pont-Royal s'fait déjà critiquer ;
Si de Paris tout's les huîtres se parquent.
   Paris aura trop d'huîtres à parquer.

TRICK.

II

Béni-zoug-zoug, quel pouvoir vous dirige !
Nous admirons vos efforts surhumains :
Huit sur un seul, cela tient du prodige !
Que d'mal on s'donn' pour se casser les reins.

LE FACTEUR.

Je voudrais bien parler de l'Africaine.

TOUS.

Oh !...

LE DIABLE ROSE.

III

A l'Odéon on voit un nouveau spectre,
Un' tragédi' ! comme on est exposé...
Dois-je être franc ?... en allant voir Electre,
Je ne fus pas du tout électrisé.....

DUBRANCARD.

IV

Grâce, dit-on, à la Revalescière
Qui guérit tout... chacun va bien s'porter.
J'en ai goûté ! faut-il être sincère
Ça m'a guéri... de l'envi' d'en acheter.

LE BAL MUSARD.

V

V'là qu'au Châtelet Aladin prend la rampe...
Dire sitôt : n'i, ni, c'est fini !
C'pauvre Aladin n'a plus d'huil' dans sa lampe,
La lampe file et le public aussi.

LE FACTEUR.

Sur l'Africaine...

TOUS.

Oh !...

GASTON.

VI

Les billets d'banque ont changé de toilette ;
Quand j'en avais, et j'en avais fort peu,
Ils étaient noirs, mais avec turlurette,
Il fallait voir comme ils passaient au bleu !

BOBIN.

VII

Pot d'grès, pot d'fleur, pot d'bière, pot de tisanne,
Pot d'fer, pot d'terre, pot au feu, pot à l'eau...
C'est tous ces pots, même y compris Peau-d'Ane,
Qui, dans ma peau, me rend'nt bête comme un po

LE DIABLE JAUNE.

VIII

Grâce aux ballons, après d'heureux voyages,
On va dans l'ciel faire de nouveaux quartiers ;
Mais, si l'on veut nous loger dans les nuages,
Ça va d'nouveau fair' monter les loyers.

JOSEPH.

IX

A l'ambigu, l'Aïeul' fait d' bonnes affaires ;
Mais, à la Port'-Saint-Martin, v' la t'y pas
Que l'on reprend exprès les Mousquetaires...
Les Mousquetair's coup'nt l'Aïeule à quinz' pas.

L'AUTOGRAPHE.

X

L'huil' de pétrole est une huile excellente,
On ne peut nier la beauté d' son aspect,
Son bon marché, sa lumière éclatante,
Ça saute aux yeux et quelqu' fois l'huile avec !

ÉNÉE.

XI.

D'vant un' colonn', qu'il croyait un' mosquée,
J'vis un Turco, s'ag'nouiller humblement ;
J'lui dis : soldat, la pose est bien risquée...
Ça n'est pas fait pour se mettre à g'noux d'vant.

ROSAMBO

XII.

Spectres, fantômes, dans les théâtr's se posent ;
Mais des r'venants l'public est déjà las ;
Ne r'venant pas d' l'effroi qu'les r'venants causent,
Aux revenants le public ne r'vient pas.

LE FACTEUR

XIII

Sur l'Africain' je tiens à dir' que qu'chose...
     POTIER, l'interrompant.
Ah ! sapristi ! fichez-nous donc la paix !
A l'Opéra l'Africaine est un' pose,
Vous savez bien qu'on n' la joûera jamais.

  PREMIÈRE PLEUREUSE, au public.

XIV

C'est au cinquièm' qu'on a joué cet ouvrage ;
 Si vous disiez, en riant de bon cœur,
 Que ce n'est pas un' revu' d'bas étage,
 Nous serions tous au comble du bonheur.
  Quand nous attendons votre arrêt,
   Riez quand même ;
   On sait que du cinquième,
   Une pièce, qui tomberait,
  Jamais, jamais ne se relèverait.
   REPRISE EN CHOEUR.

FIN.

Coulommiers. — Typographie A. Moussin.

BIBLIOTHÈQUE DU THÉATRE MODERNE

EN VENTE CHEZ DENTU, ÉDITEUR :

LES PETITS OISEAUX, comédie en trois actes, par MM. Eugène Labiche et Delacour, joli vol. grand in-18.... 2 »

LE VRAI COURAGE, comédie en 2 actes, par MM. Adolphe Belot et Raoul Bravard.................... 1 »

LA FLEUR DU VAL-SUZON, opéra-comique en 1 acte de M. Turpin de Sansay, musique de M. Douay........... 1 »

LES PLANTES PARASITES OU LA VIE EN FAMILLE, comédie en 4 actes, par M. Arthur de Beauplan........... 2 »

L'HOMME ENTRE DEUX AGES, opérette en 1 acte de M. Emile Abraham, musique de M. Henry Cartier..... 1 »

CORNEILLE A LA BUTTE SAINT-ROCH, comédie en 1 acte, en vers....... 1 »

L'HOTESSE DE VIRGILE, comédie en 1 acte et en vers, jolie impression de Perrin, de Lyon, 1 vol. grand in-18 2 »

LE PREMIER PAS, comédie en 1 acte, de MM. Labiche et Delacour...... 1 »

LES ILLUSIONS DE L'AMOUR, comédie en 1 acte et en vers de M. Ernest Serret..................... 1 »

LES VOISINS VACOSSARD, comédie-vaudeville en 1 acte de M. Marc-Michel 1 »

LES SCRUPULES DE JOLIVET, vaudeville en 1 acte de M. Raimond Deslandes 1 »

MONSIEUR DE LA RACLÉE, scènes de la vie bourgeoise, par MM. Edouard Brisebarre et Eugène Nus........ 1 »

LA FANFARE DE SAINT-CLOUD, opérette en 1 acte de M. Siraudin, musique de M. Hervé .... 1 »

LES BIENFAITS DE CHAMPAVERT, comédie-vaudeville en 1 acte, par M. Henry Rochefort.............. 1 »

UNE SEMAINE A LONDRES, voyage d'agrément et de luxe, folie vaudeville en 3 actes et onze tableaux, par MM. Clairville et Jules Cordier.... 1 50

LES PROJETS DE MA TANTE, comédie en 1 acte et en prose, par M. Henry Nicolle..................... 1 »

L'ALPHABET DE L'AMOUR, comédie vaudeville en 1 acte de M. Eugène Moniot..................... 1 »

PRUDENCE EST SURETÉ, proverbe en 1 acte, par M. Eugène Moniot...... 1 »

LA SERVANTE MAITRESSE, opéra-comique en 2 actes, paroles de Baurans, musique de Pergolèse..... 1 »

LE PARADIS TROUVÉ, comédie en 1 acte, en vers, par Edouard Fournier ... 1 »

ZÉMIRE ET AZOR opéra-comique en 4 actes, par Marmontel, musique de Grétry...................... 1 »

LA COMTESSE MIMI, comédie en 3 actes, par MM. Varin et Michel Delaporte. 2 »

LA MALLE DE LISE, scène de la vie de garçon, par M. Edouard Brisebarre. 1 »

UN HOMME DU SUD, à-propos burlesque mêlé de couplets, par MM. Henry Rochefort et Albert Wolff........ 1 »

LE MARIAGE DE VADÉ, comédie en 3 actes et en vers, précédée d'un prologue, par MM. Amédée Rolland et Jean Du Boys................. 2 »

LE DERNIER COUPLET, comédie en 1 acte de M. Albert Wolff........... 1 »

LES FINESSES DE BOUCHAVANES, comédie en 1 acte mêlée de couplets, par MM. Marc-Michel et Ad. Choler... 1 »

L'AUTEUR DE LA PIÈCE, comédie-vaudeville en 1 acte, de MM. Varin et Michel Delaporte................. 1 »

LE BOUCHON DE CARAFE, vaudeville en 1 acte, de MM. Dupuis et Eugène Grangé... .... 1 »

LE MINOTAURE, vaudeville en 1 acte, de MM. Clairville et A. de Jallais . 1 »

LA FEMME COUPABLE, drame en 5 actes, de M. Eugène Nus............. 2 »

NOS PETITES FAIBLESSES, vaudeville en 2 actes, de MM. Clairville, Henri Rochefort et Octave Gastineau..... 1 »

LE DOYEN DE SAINT-PATRICK, drame en 5 actes, de MM. de Wailly et Louis Ulbach................... 2 »

CELIMARE LE BIEN-AIMÉ, comédie en 3 actes de MM. Labiche et Delacour. 2 »

LES 37 SOUS DE M. MAUTAUDOIN, comédie-vaudeville en 1 acte de MM. Labiche et Ed. Martin.......... 1 »

UN HOMME DE BIEN, comédie en 4 actes de M. Aylic Langlé................ 2 »

LE PROPRIÉTAIRE A LA PORTE, vaudeville en 1 acte, par M. Siraudin. 1 »

LES MÉDECINS, pièce en 5 actes, par MM. Éd. Brisebarre et Eug. Nus:... 2 »

UN AVOCAT DU BEAU SEXE, comédie-vaudeville en 1 acte de MM. Siraudin et Choler.................... 1 »

UN MONSIEUR QUI A PERDU SON MOT, comédie-vaudeville en 1 acte, de M. Jules Renard.................... 1 »

LÉONARD, drame en 5 actes et 7 tableaux, de MM. Ed. Brisebarre et Eug. Nus...................... 2 »

Coulommiers. — Typographie A. MOUSSIN.